„Was kränkt, macht krank!"
(Zitat: Der kleine Büro-Knigge, Hanisch)

Für meine Berufskolleginnen

*Margot A. Winkler (Sanskritname: Ma Anand Sarvo),
geboren 1956 in Berlin, Office Managerin*

Margot A. Winkler
(Ma Anand Sarvo)

Schaue über die Schreibtischkante oder beiße hinein

Überlebenstexte für Büro und Alltag

Bibliografische Information der Deutschen Nationalbibliothek: Die Deutsche Nationalbibliothek verzeichnet diese Publikation in der Deutschen Nationalbibliografie; detaillierte bibliografische Daten sind im Internet über http://dnb.dnb.de abrufbar.

© 2014 Margot A. Winkler

Alle Texte + Zeichnungen: Margot A. Winkler
Nachdruck oder Vervielfältigungen, auch auszugsweise, bedürfen der schriftlichen Zustimmung der Autorin.

Herstellung und Verlag:
BoD – Books on Demand, Norderstedt

ISBN 978-3-7357-5051-8

Inhalt

Vorwort 7

Berufliches 9
Die Zeit muss angehalten werden
Zwei Sekretärinnen
Seelen und Geister
Om
Die goldene Büroklammer
Gestrandet
Büro-Tannenbaum
Büroalltag
Die Verteidigungsrede
Einakter: „Die Büroklammern" 29

Fantastisches 39
Das Haus in den Dünen
Die Befreiung
Der Adler - eine Seelenreise
Ich, der Hai – eine Verwandlung
Die Außerirdischen
Fiktive Zeitungsmeldung

Lebenssinniges 65
Schwangerschaft
Geburt
Der Frosch
Die Eule
Der Elefant
Die Ratte
Humor
Farb-Elfchen
Rausch
Freundschaft
Angst
Abschied
Tod

Anhang 79
Texte-Übersicht
Literatur

Vorwort

Fast alle meine Texte sind während des Fernstudiums „Kreatives Schreiben" beim IKS Berlin e. V. (Institut für Kreatives Schreiben) entstanden. Der Lehrgang wurde mit dem „Lehrbuch des kreativen Schreibens", Prof. Dr. Lutz von Werder, durchgeführt. Mein Studienschwerpunkt war „Biografisches Schreiben". Einige Texte sind auch außerhalb des Fernstudiums entstanden.

Hinter den einzelnen Texten versteckt sich in der Regel eine Aufgabe des Lehrbuches oder eine spontane Idee als Schreibimpuls. Im Anhang ist eine Übersicht, aus der man die zugrunde liegende Aufgabenstellung oder Gedichtform entnehmen kann.

In Anlehnung an den Spielfilm „Club der toten Dichter" *(mit Robin Williams)* kann es im Leben durchaus wichtig sein, im übertragenden Sinne „auf einen Tisch zu steigen" und sich alles von oben, aus einer anderen Perspektive anzuschauen. Daraus kann man viele Erkenntnisse gewinnen.

Mein Texte sind in drei Kapitel unterteilt:
Berufliches, Fantastisches und Lebenssinniges.

Beim Schreiben habe ich meine Vorliebe für das Absurde entdeckt, welches u. a. in dem Text „Die goldene Büroklammer" und dem Einakter „Die Büroklammern" zum Ausdruck kommt.

Berlin, September 2014
Margot A. Winkler

Carpe Diem!

Berufliches

Die Zeit muss angehalten werden

Ich kann es noch kaum glauben… aber ich täusche mich wohl nicht…komm und sieh selber…immer deutlicher zeigt sich, dass die Erde sich schneller dreht als früher und den Menschen die Zeit davon läuft. Eigentlich ist mir schon lange klar, dass es so nicht weiter gehen kann. Ich habe ja schließlich auch noch viele Erwartungen an mein Leben. Natürlich möchte ich den ganzen Tag am liebsten das machen, was meine innere Stimme mir sagt. Ich möchte das Leben einer Schriftstellerin führen. Einen Versuch habe ich ja schon unternommen, aber reich bin ich damit nicht geworden, geschweige denn, dass ich damit meinen Lebensunterhalt verdienen könnte. Deswegen gehe ich einem ganz durchschnittlichen Beruf nach. Ich bin Office Managerin. Das ist ja auch etwas, höre ich viele sagen. Da hast du doch wenigstens eine feste Stelle, sagen wieder andere. In diesen wirtschaftlich so unsicheren Zeiten soll man so einen Job nicht leichtfertig an den Nagel hängen, sagt mir mein Verstand. Doch mein tiefstes inneres Wesen schreit um Hilfe: „Hole mich hier ´raus. Befreie mich!" Als ich zwanzig war, erschien mir die Welt noch klar. Ich löste meine Wohnung auf, kratzte mein ganzes Geld zusammen, setzte mich in ein Flugzeug und flog nach Indien mit dem Gefühl, vielleicht nie wieder zurückzukommen. Dann kam ich zwar wieder, aber immerhin war ich acht Monate lang weg gewesen. Was wäre, wenn ich heute auch mehr riskieren würde? Würde meine Welt wirklich zusammenbrechen oder würde sie sich nur neu ordnen?

Plan 1: Ich kündige, und das sofort. Alles andere wird sich dann von alleine regeln. Wird es? Zweifel sind da. Und wenn nicht? Was dann?

Plan 2: Ich überlege mir erst eine Alternative und feile diese Idee aus und erst dann kündige ich. Aber mir fehlt sogar zum Nachdenken oft die Zeit und Energie, denn abends bin ich immer hundemüde und bringe nicht mehr viel auf die Beine.

Plan 3: Irgendeine gefährliche Krankheit ereilt mich und befreit mich. Aber gesund würde ich schon gerne bleiben und eine Weile noch am Leben auch.

Plan 4: Ich reduziere meine Arbeitszeit. Dann verdiene ich weniger, aber habe viel mehr Zeit zum Schreiben. Das klingt schon realistischer und sogar vernünftig. Wozu brauche ich auch so viel Geld. Geld zum Leben reicht doch.

Plan 5: Ich werde entdeckt. Mein neues Buch wird ein Bestseller. Die Verlage reißen sich um mich. Ich suche mir den nettesten aus. Schön wär's…

In meinem Kopf spuckt es. Ich brauche mehr Zeit! Zeit zum Leben, Zeit zum Schreiben, Zeit zum Lesen, Zeit zum Denken, Zeit zum Reisen, zum Menschen kennenlernen. Zeit, Zeit, einfach mehr Zeit. Wo ist die Zeit geblieben? Manchmal habe ich den Eindruck, als ob alles immer schneller läuft, die Zeit immer schneller vergeht. Kaum hat ein neues Jahr begonnen, nähert sich schon wieder Weihnachten und das nächste Silvester steht vor der Tür. Ich kenne Leute, die feiern einen Neujahrsempfang noch Ende Januar; vorher hatten sie dafür keine Zeit. Wir jagen den Terminen hinterher. Das geht nicht nur mir so, sondern auch anderen. Dreht sich die Erde vielleicht schneller um ihre Achse als früher? Schmilzt deshalb vielleicht das Eis an den Polen ab? So, ein Unsinn. Davon habe ich noch nie etwas gehört, sagt mir mein Verstand.

Warum wird das Erdklima immer wärmer? Woher kommen all die schlimmen Erdbeben, Tsunamis, Hochwasser und Stürme? Das soll alles von den Menschen verursacht sein, weil diese die Umwelt mit CO^2 und anderen Substanzen belasten? Mir wird schwindelig im Kopf. Ich glaube es liegt daran, weil sich die Erde immer schneller dreht! Deshalb schwappt das Meer über, es wird aller Orten windiger und die Erde bebt. Ob das wissenschaftlich bewiesen ist oder nicht, an irgendetwas muss es liegen, dass die Zeit immer schneller läuft.

Neulich ist meine Armbanduhr stehen geblieben. Na also, dachte ich es mir doch. Die kann nämlich mit dem schnellen Tempo auch nicht mehr Schritt halten. Ich habe ihr eine neue Batterie besorgt. Jetzt geht sie wieder, aber für wie lange?

„Man hat so viel Zeit, wie man sich selber nimmt", hat irgendjemand mal gesagt und „Ich habe keine Zeit, ich nehme sie mir!" Das ist auch eine Sichtweise. Vielleicht kommt das Gefühl der wegrennenden Zeit daher, dass man seine Zeit zu viel mit Dingen verschwendet, die einen eigentlich nicht wichtig sind, sondern man beschäftigt sich mit vielem nur, um Geld zu verdienen oder weil man sich einfach verrannt hat. Man verkauft also seine Zeit für Geld. Jetzt habe ich es herausgefunden. Ich muss also meine Zeit behalten und die anderen können ihr Geld behalten, diese Zeitdiebe. Also, alles ganz einfach? Ich sehe schon meinen Vermieter an der Wohnungstür und im Singsang von Reinhard Mey frage ich ihn: „Was gibt mir die Ehre Ihrer Visite? Probieren Sie´s mal wieder wegen der Miete?" Aha, etwas Geld brauche ich wohl doch, für die ganzen Rechnungen, für Essen, für die Miete.

Aber irgendwo muss der Knopf doch sein, mit dem sich die Zeit anhalten lässt. Ich erinnere mich, als ich Kind war, stand die Zeit. Kinder sind im Besitz der Zeit und wenn man erwachsen wird, läuft die Zeit einem weg. Ja, daran muss es liegen. Also hatte Pippi Langstrumpf in dem Kinderbuch von Astrid Lindgren den richtigen Riecher, als sie mit ihren Freunden die Krummelus-Pillen aß, um nicht erwachsen werden zu müssen. Der Zauberspruch lautete „Liebe kleine Krummelus, niemals will ich werden gruß". Jetzt habe ich´s. Mir fehlt nur der richtige Zauberspruch, der das Erwachsensein wieder umkehrt. Die Frage ist also: Wie wird man wieder zum Kind? Dann ist man wieder im Besitz der Zeit, und alles dreht sich wieder ganz langsam oder sogar gar nicht. Mein erleuchteter Meister würde vielleicht sagen, ich muss mehr meditieren, dann verlangsamt sich die Zeit, weil die Aufmerksamkeit sich erhöht. Rennen wir an allen vorbei und das gibt das Gefühl der rennenden Zeit? Die Zeit rennt also nicht, sondern wir rennen? Ich höre die Stimmen meiner Kollegen, Bekannten, Verwandten und Freunde/innen: „Keine Zeit! Vielleicht nächste Woche, nächsten Monat, nächstes Jahr." Alle rennen und alle scheinen keine Zeit zu haben. Wer kennt heute schon seine Nachbarn/innen? Man wohnt jahrelang mit Menschen in einem Haus, da kommt der Briefträger und fragt nach Herrn Soundso, ob der hier wohnt? Keine Ahnung! Noch nie gehört.

Jetzt hab´ ich´s: Die Zeit läuft nur langsamer, wenn man selber langsamer wird, achtsamer, aufmerksamer. Das ist jetzt mein Plan: Ich will mir schreibend meine Zeit zurückerobern. Ich schreibe solange, bis ich meine Zeit wieder gefunden habe. Schreibend auf der Suche nach der Zeit, der vergangenen, der gegenwärtigen und vielleicht auch nach der zukünftigen. Ja, es zeigt sich jetzt immer deutlicher, glaubt es oder glaubt es nicht:

Die Zeit muss angehalten werden!

Zwei Sekretärinnen

Zwei Sekretärinnen tragen die Akten herum,
mal hierhin, mal dorthin, das finden sie dumm.
Mit einer Sänfte wollen sie es nun wagen,
stattdessen die Chefs herumzutragen.

Zwei Sekretärinnen flitzen hin und her.
Der Chef erringt mit ihnen viele Erfolge.
Doch die Ehren kassiert allein nur er.
Die beiden sind ungefeiertes Gefolge.

Zwei Sekretärinnen bereiten die Sitzung vor
Sie eilen herum, holen Getränke und Essen.
Die Chefs stellen sich eitel untereinander vor.
Die Bediensteten werden wie immer vergessen.

Zwei Sekretärinnen, man belacht sie oft
als dumme Frauenzimmer,
gründen ein Schreibbüro in einem Loft
und kündigen für immer.

Zwei Sekretärinnen werden vom Chef unterdrückt.
Er möchte nicht, dass diese selbständig denken.
Die eine wird daraufhin verrückt.
Die andere bald die Firma lenken.

Zwei Sekretärinnen leiden am Tippsen-Klischee.
Ihr Chef ist arrogant und schaut auf sie herab.
Sie mischen ihm Gift in seinen Tee.
Das bringt ihn früher in sein Grab.

Zwei Sekretärinnen lieben den Abteilungsleiter.
Die dritte jedoch, die ist wesentlich gescheiter.
Sie angelt sich den reichen Unternehmensboss.
Darauf folgend sie ihr Leben in Luxus genoss.

Zwei Sekretärinnen spazieren in einem Wald.
Es ist Winter und es ist ihnen eisig kalt.
Der einen ist die Kälte nicht geheuer.
Sie entfacht im Wald ein Lagerfeuer.

Zwei Sekretärinnen, die kennen sich schon lange.
Wenn der Chef hereinkommt, ist ihnen bange.
Die eine zermürbt daran und kündigt alsbald.
Die andere rebelliert, der Chef als Ausbeuter galt.

Zwei Sekretärinnen, wir hörten von ihnen.
Die eine erkrankt, die andere will nach Sardinien.
Da schmeißt der Chef die Kranke ´raus.
Er hat keine Sekretärin mehr und geht nach Haus.

Zwei Sekretärinnen bewerben sich in einem Büro.
Die eine ist traurig, die andere ist froh.
Der Chef, der mag die Traurige leiden.
Die frohe Sekretärin muss wieder scheiden.

Zwei Sekretärinnen an der Universität,
Sie arbeiteten lange, es ist schon spät.
Die Studenten suchen den Professor,
der singt derweil im Kirchenchor.

Zwei Sekretärinnen treffen sich in der Kantine.
Als ihr Chef kommt, verziehen sie keine Miene.
Der Chef geht an ihnen wie immer vorbei,
denn sie sind ihm nämlich ganz einerlei.

Jetzt noch ein Limerick…

Zwei Sekretärinnen lebten in Berlin.
Heirat war ihnen stets im Sinn.
Doch der Chef, der war nicht fleißig,
außerdem schon über Dreißig.
Da zogen beide dann nach Wien.

Seelen und Geister

Zwei Seelen wohnen in meiner Brust.
Sie zanken sich täglich mit viel Lust.
Die eine tut´s nach anderswo treiben.
Die andere will aber lieber bleiben.
Ohne Einigung leben sie in Frust.

Zwei Freunde, ein Indianer und ein Bär,
trommeln am Lagerfeuer Geister daher.
Die Geister sind bunt, es gibt gute und böse.
Sie tanzen um´s Feuer mit viel Getöse.
Wenn´s Feuer erlischt, fliegen alle zum Meer.

Zwei Seelen zanken sich Tag und Nacht.
Das hat sie um manchen Schlaf gebracht.
Die eine liebt Dunkelheit und Stille,
die andere hockt am Notebook mit Brille.
Die Stubenfliege hat laut gelacht.

Om
Empfangsdame
Stenokontoristin, Stenotypistin,
Sekretärin, Sachbearbeiterin, Assistentin,
Bürokauffrau, Verwaltungsangestellte, Bürolei-
terin, Office-Managerin
OM

Die goldene Büroklammer

Ich kam Montag morgens ins Büro, war noch nicht ganz wach, lief in die Teeküche, machte die Kaffeemaschine an, eilte hierhin und dorthin, ging zurück zur Teeküche, der Kaffee war inzwischen fertig, goss mir eine Tasse ein und ging zurück in die Amtsstube.

Ich machte die Tür hinter mir zu und war froh, dass noch keiner der Kunden etwas von mir wissen wollte und auch die Kollegen und Kolleginnen waren noch nicht da. Der Behördenchef war auf einer mehrmonatigen Dienstreise. Ich genoss die morgendliche Stille im Büro, schaute aus dem Fenster den vorbeifahrenden Autos hinterher, fuhr meinen Rechner hoch, schob den Schieber am Dreimonatswandkalender um drei Tage weiter von Freitag auf Montag, ließ mich auf meinen Bürodrehstuhl fallen und schlürfte an meinem Kaffee.

Ich schaute dem hochfahrenden Rechner zu, es brummelte und piepte, dann ging ein Anmeldefenster auf, und ich wurde nach Namen und Passwort gefragt. Ich stellte die Kaffeetasse zur Seite und gerade, als ich mich anmelden wollte, fiel mein Blick auf den Fußboden. Da lag etwas, etwas kleines Goldenes. Ich bückte mich nach unten und hob es auf. Es war eine Büroklammer, eine goldene Büroklammer. Ich griff nach der Büroklammerschachtel und durchforstete sie. Mein Verdacht bestätigte sich. Es gab hier jede Menge silberfarbene und kupferfarbene Büroklammern, aber keine einzige goldene.

Woher kam die goldene Büroklammer? Ich holte eine kleine durchsichtige Plastikschachtel, polsterte diese mit einem Papiertaschentuch aus und legte die goldene Büroklammer hinein. Dieser Fund war etwas Besonderes und ich wollte sie nicht wieder verlieren. Ich verschloss die Plastikschachtel im Schrank. Dann vergaß ich sie.

Am nächsten Tag, als mein Blick zufällig den Boden streifte, lag wieder eine Büroklammer auf dem Fußboden. Diesmal war es eine gelb-schwarzgetigerte, eine Tigerenten-Büroklammer. Nun fiel mir die goldene Büroklammer im Schrank ein. Ich schloss ihn auf und legte meinen neuerlichen Fund hinzu und verschloss den Schrank wieder. Merkwürdig, dachte ich, woher diese Büroklammern wohl kommen?

Es ging dann jeden Tag so weiter: Mal lag auf dem Boden eine grüne Büroklammer mit gelben Punkten, dann wieder eine schwarze, mit lila Streifen, dann eine übergroße, rotmetallicfarben, und eines Tages eine winzig kleine, grasgrüne Seltenheit. Jede einzelne legte ich sorgsam zu den anderen in die Plastikschachtel. Es war schon jetzt eine bemerkenswerte kleine Sammlung. Nach einiger Zeit mussten die Büroklammern von der kleinen Plastikschachtel in eine größere Plastikschachtel umziehen. Da die Schachtel mehr Platz benötigte, als im Schrank an Leerfläche war, musste ich anfangen, die Ordner herauszustellen. Nach ein paar Monaten war der Schrank voller Plastikschachteln mit den verschiedenfarbigen Büroklammern, die täglich auf dem Behördenboden herumlagen. Niemand wusste, woher diese kamen. Eine sehr mysteriöse Angelegenheit. Wie dem auch sei, der Schrank wurde immer voller, immer mehr Ordner mussten aus dem Schrank weichen und bauten allmählich meinen Schreibtisch zu. Zum Glück war der Behördenchef immer noch auf seiner Dienstreise. Da ich nicht mehr Platz hatte für die ganzen Ordner und die Büroklammersammlung mir wichtiger erschien, holte ich den Reißwolf aus dem Nebenzimmer und fütterte ihn nach und nach mit dem Inhalt der Ordner: Anträge von Kunden nebst Unterlagen, Rechnungen, Bestellungen, Schriftwechsel, Tageskopien, Gutachten, Rundschreiben und so weiter und so fort. Irgendwann waren alle Ordner leer. Da die leeren Ordner mir die Sicht versperrten, fuhr ich diese nach Feierabend mit einem großen Rollwagen zur Mülldeponie und warf sie dort in einen großen Container.

Mittlerweile wuchs meine Büroklammersammlung immer weiter an, so dass sich inzwischen Plastikschachteln mit ihnen überall in der Behördenstube befanden: Im Schrank, im, auf und unter dem Schreibtisch, auf allen Regalbrettern, neben den Druckern, dem Kopierer, und irgendwann fing ich an in die Stuben der Kollegen/innen und des Behördenchefs auszuweichen, da ich bei mir keinen Platz mehr hatte.

Die Kollegen/innen sahen das ein und rückten enger zusammen. Da das nicht auf die Dauer ging, stellte ich meine Büroklammersammlung einem Museum für Berufsalltagskultur zur Verfügung. Sie füllte eine Ausstellung mit mehreren Räumen. Leute kamen und staunten.

Und was ist aus mir geworden? Noch bevor der Behördenchef von seiner langen Dienstreise zurückkam, kündigte ich. Ich führe heute in dem Museum für Berufsalltagskultur den ganzen Tag Leute durch meine Büroklammernsammlung.

Gestrandet

Mein Raumschiff und ich
sind auf die Erde gestürzt.
Fremdling hier unten.

Zum Planeten fern
rufe ich meine Freunde.
Holt mich hier bald ab.

Schreibend bin ich Mensch.
Dienend bin ich Sklave.
Die Ketten schmerzen.

Aber ohne Ketten
baue ich mir ein Raumschiff
und düse davon.

Büro-Tannenbaum

Akte
Akten Akten
Akten Akten Akten
Akten Akten Akten Akten
Akten Akten Akten Akten Akten
Akten Akten Akten Akten Akten Akten
Akte
Akten Akten
Akten Akten Akten
Akten Akten Akten Akten
Akten Akten Akten Akten Akten
Akten Akten Akten Akten Akten Akten
Akte
Akten Akten
Akten Akten Akten
Akten Akten Akten Akten
Akten Akten Akten Akten Akten
Akten Akten Akten Akten Akten Akten
Papierkorb
Papierkorb
Papierkorb
Reißwolf
Reißwolf
Reißwolf
Aktenvernichter
Aktenvernichter
Aktenvernichter

Büroalltag

Mitunter stressen die Leute.
Ob man kollegial ist oder nicht.
Büroalltag kann auf´s Gemüt schlagen.
Bei einer spielt Neid eine Rolle.
Irgendwie hat sie viel Zeit zu klagen.
Natürlich haben andere es leichter als sie.
Gute Laune wird anders verbreitet.

Büroalltag

L ängst ist
A lle Arbeit fertig und es ist
N ichts Wichtiges mehr zu tun.
G elangweilt überlege ich, ob
E twas anderes meinen Einsatz verlangt.
W iederholt fühle ich eine Sackgasse.
E s schreit in mir nach sinnvollem Tun.
I st doch nicht gut, so zu verharren.
L ieber würde ich Bäume ausreißen.
E s ist Zeit für einen Wandel.

Die Verteidigungsrede

Ich habe mich nachts ins Rechenzentrum einschließen lassen. Die ganze Nacht hatte ich Zeit, die Riesenanlage gründlich unter die Lupe zu nehmen. Endlich hatte ich das Herz der Universität gefunden. Hier also war der Sitz aller quälenden Software-Programme.
„Sowieso funktionieren sie nicht richtig."
„Wenn stört es da, wenn es sie nicht mehr gibt?"
„Meine Kollegen werden es mir danken."
Diese Gedanken gingen mir durch den Kopf.
Ich lockte mich in das System ein und begann, ein Programm nach dem anderen mit sämtlichen Inhalten zu löschen.
Es dauerte nicht lange und man kam mir auf die Schliche, denn ich hatte nicht daran gedacht, Handschuhe zu tragen. Auf den Rechenzentrums-Tastaturen fand man meine Fingerabdrücke. Außerdem hatte mich jemand vom Sicherheitsdienst beobachtet, wie ich nachts ins Rechenzentrum eindrang. Er kannte mein Gesicht und wusste wo ich arbeitete. Deshalb kam die Polizei zu mir, um meine Fingerabdrücke zu nehmen. Schnell war sie erfolgreich und ich verhaftet.
Heute stehe ich vor Gericht. Ich muss vor dem Richter meine Verteidigungsrede halten. Ich redete mich immer mehr in Rage: „Lieber Herr Richter. Sie können mir glauben, dass ich die Programme nicht ohne Not gelöscht habe. Ich musste es tun, um

schlimmen Schaden an den Seelen meiner Kollegen und Kolleginnen, und natürlich an mir selbst, abzuwenden. Wir werden seit Jahren von verschiedenen Programmen gequält: RLK, Ratavar, FSL, FINL, SOPSIQ, V.K.V., Xerpus und anderen Schrecklichkeiten. Alles hoch kompliziert, und richtig krass an denen, die die Programme anwenden müssen, vorbeigeschaffen. Eine gute Software sollte nach Anforderungen der Praxis geschaffen werden. Die Uni scheint aber, Software nach der Kostenvariante auszuwählen: Die beste Software ist die, die umsonst oder kostengünstig ist, egal ist dabei, ob die Mitarbeiterschaft mit ihr zurechtkommt. Das wird als deren Problem betrachtet. Gewählt wird, was kostengünstig ist und den Oberen in der Verwaltung wenig Arbeit macht. Das reicht jetzt!

Ich finde meine Tat ist reine Notwehr!! Schade, dass ich es alleine machen musste und keine der Kollegen/innen dabei war. Ich konnte aber wegen der Brisanz der Sache auch niemanden einweihen. Lieber Herr Richter, Sie werden einsehen, dass dies ein berechtigter Widerstand gegen Vorgesetzte der obersten Etagen darstellt. Alle meine Kollegen/innen sind nun darüber froh, dass es RLK, Ratavar, FSL, FINL, SOPSIQ, V.K.V., Xerpus und andere Schrecklichkeiten nicht mehr gibt. Sie müssen mich freisprechen!

Einakter

Die Büroklammern

Die Büroklammern

PERSONEN:
der OberFüBükt (Oberführender Bürokrat) *(nicht anwesend)*
der FüBükt (Führender Bürokrat)

Kollegin 1 = die Sekretärin
Kollegin 2 = die Stenokontoristin
Kollegin 3 = die Management-Assistentin
Kollegin 4 = die Office-Managerin
Kollegin 5 = die Verwaltungsangestellte
Kollegin 6 = die Verwaltungsfachangestellte
Kollegin 7 = die Verwaltungsfachwirtin
Kollegin 8 = die Bürokauffrau
Kollegin 9 = die Kaufmännische Angestellte
Kollegin 10 = die Kauffrau für Bürokommunikation
Kollegin 11 = die Büroleiterin
Kollegin 12 = die Fachangestellte für Bürokommunikation
Kollegin 13 = die Bürokraft für den Öffentlichen Dienst
Kollegin 14 = die Büro-Assistentin
Kollegin 15 = die Büroservicefachkraft
Kollegin 16 = die Kauffrau für Wirtschaft und Verwaltung
Kollegin 17 = die diplomierte Office-Managerin
Kollegin 18 = die Chefsekretärin
Kollegin 19 = die Autodidaktin
Kollegin 20 = *nicht anwesend (krank, fehlt immer)*

Wir leben in der Gesellschaft Wirrwarr, im 21. Jahrhundert. Das Institut der großen Universität hat zwanzig Fachgebiete. In jedem dieser Fachgebiete arbeitet eine Verwaltungskraft im Sekretariat und managt alle anfallenden Organisations-, Kommunikations- und Verwaltungsaufgaben. Die hier arbeitenden Verwaltungsange-

stellten haben die unterschiedlichsten Berufsbezeichnungen. Die Lehrgangspläne der diversen Ausbildungsgänge zeigten ähnliche oder gleiche Fächer, doch ihre Berufsbezeichnung ist sehr unterschiedlich. Offenbar ist es wie in der Bäckerbranche: Mehl, Salz, Wasser, Hefe ergeben fast immer Brot, aber es gibt hunderte Sorten von Broten und Brötchen, sie unterscheiden sich gering nach den Zutaten. So ist es auch in der Büro- und Verwaltungsbranche. Da es hier ein reinstes Wirrwarr und keine Einheitlichkeit gibt, entsteht unter diesen Verwaltungskräften ebenfalls ein kommunikatives und zwischenmenschliches Wirrwarr. Es gibt unter ihnen eine Art Wettstreit, wer wohl die am besten Qualifizierteste, die am besten Ausgebildete, die Kompetenteste, die Fleißigste, die Überlastetste und wer die Wichtigste unter ihnen sei.

Wir befinden uns im Sitzungssaal des Instituts. Die anwesenden neunzehn, ausschließlich weiblichen Verwaltungskräfte werden vom führenden Bürokraten begrüßt. Da er auf Etikette achtet, niemanden vergessen oder auf den Schlips, äh....auf das Halstuch treten, also in kein Fettnäpfchen treten möchte, begrüßt er die anwesende Damenrunde mit sehr ausführlichen Worten:

Der führende Bürokrat *(im folgenden FüBükt genannt) räuspert sich:*

Meine sehr verehrten Damen und Herr...äh, Damen, liebe Sekretärinnen, Stenokontoristinnen, Management-Assistentinnen, Office-Managerinnen, Verwaltungsangestellte, Verwaltungsfachangestellte, Verwaltungsfachwirte, Bürokauffrauen, kaufmännische Angestellte, Kaufleute für Bürokommunikation, Büroleiterinnen, Fachangestellte für Bürokommunikation, Bürokräfte für den Öffentlichen Dienst, Büro-Assistentinnen, Büroservicefachkräfte, Kaufleute für Wirtschaft und Verwaltung, diplomierte Office-Managerinnen, Chefsekretärinnen, mein liebes sonstiges Dienstleistungspersonal, ich eröffne hiermit die Dienstbesprechung. Haupttagesordnungspunkt heute ist das Thema „Büroklammern".

Ein Raunen geht durch die Kollegenschaft. Eine Kollegin ist dabei sich die Fingernägel zu lackieren. Sie hält die rechte Hand hoch und spreizt die Finger auseinander. Die Tische liegen voller Stapel mit diversen Papieren und Rundschreiben. Einige Kolleginnen haben ihr Handy und ihr Schlüsselbund vor sich auf den Tisch gelegt. Einige haben einen Schreibblock und einen Stift dabei. Vor jeder Kollegin steht eine leere Kaffeetasse. Mehrere Thermokannen mit Kaffee und Tee stehen auf den Tischen verteilt. Der FüBükt steht vorne auf einem Podest hinter einem Rednerpult und schaut – aufgrund der leicht erhöhten Position – auf die Mitarbeiterinnen herunter.

Der FüBükt *hörbar genervt:* Mir ist zu Ohren gekommen, dass es immer noch Fachgebiete gibt, die bunte Büroklammern zum Einsatz bringen. Ich weise ausdrücklich daraufhin, dass die dienstliche Verwendung bunter Büroklammern wegen der Ernsthaftigkeit dienstlicher Vorgänge nicht gestattet werden kann. Wie respektlos sieht es in etwa aus, wenn ein Kündigungsvorgang von einer gelben Büroklammer mit grünen Punkten zusammen gehalten wird. Ich kann derlei nicht mehr in unserer Universität dulden.

Er wird unterbrochen. Es gibt eine Wortmeldung. Der FüBükt lässt die Unterbrechung zu.

Kollegin 1 *aufmüpfig:* Kann man auch nicht mehr die Gelb-schwarz-getigerten benutzen? Letztendlich kann doch eine Büroklammer nicht respektlos sein, sondern nur, je nach Sachlage, der Kündigungsvorgang.

Ein aufmüpfiges Raunen und verhaltenes Kichern geht durch den hinteren Teil der anwesenden Personalschaft. Ein zorniger Blick des FüBükten trifft die Kollegin 1.

Der FüBükt *empört sich:* Ja, was soll diese Frage? Die getigerten Büroklammern sind eine besondere Frechheit. Wir sind doch hier nicht in einem Zirkus.

Kollegin 2: Ich möchte erwähnen, dass sich der Einsatz grüner, blauer, roter und gelber Büroklammern durchaus bewährt hat, da man die unterschiedlichen Geschäftsvorgänge damit farblich kenntlich machen kann.

Der FüBükt *hat Schweißperlen auf der Stirn:* Sie sind wohl eine Farbkünstlerin, wie? Oder haben Sie den Verstand verloren? Melden Sie sich besser in einem VHS-Malkurs an, wenn Sie Farben lieben. Hier bei uns herrschen nüchterne Fakten, merken Sie sich das. In Zukunft finden bei uns im Haus nur noch silberne und kupferfarbene Büroklammern ihre Anwendung, bevorzugt die, die man über das Landesverwaltungsamt in Packs à 1.000 Stück beziehen kann.

Kollegin 6 *überheblich:* Wegen der Bedeutung unseres speziellen Sekretariats auf höherer Fakultätsebene beantrage ich hiermit goldene Büroklammern nur bei uns zum Einsatz bringen zu können, damit jeder erkennen kann, dass unsere Vorgänge, die ja wohl wichtiger sind als jede anderen hier im Haus, sofort erkennbar sind und bevorzugt behandelt werden können und müssen.

Ein empörtes Raunen im Saal. Eine Kollegin kichert, eine andere tippt sich mit dem Zeigefinger an die Stirn. Jemand rührt auffallend laut ihren Kaffeelöffel in der Tasse herum, so dass das Tassenklirren im ganzen Saal zu hören ist und man befürchten muss, dass die Tasse jeden Moment in Stücke zerspringt. Der FüBükt räuspert sich.

Der FüBükt *beschwichtigend:* Contenance, meine Damen. Ich muss doch sehr bitten. *Sich der letzten Rednerin zuwendend:* Von meiner Seite gibt es keine Ausnahmen. Für Ihr Anliegen ist der OberFüBükt zuständig. Ich kann diese Frage heute hier nicht beantworten.

Kollegin 4: Ich benutze schwarze Büroklammern. Die sind ja wohl nüchtern genug. Ich reagiere allergisch auf alles Metallische. Es tut mir leid, die silbernen und kupferfarbenen Büroklammern kann ich nicht berühren. Davon bekomme ich an den Händen einen Ausschlag. Die mit einem Farbüberzug überzogenen Büroklammern aber sind für mich unbedenklich im Kontakt. Ich bitte deshalb um eine Ausnahmegenehmigung. Ein ärztliches Attest kann ich vorweisen.

Der FüBükt *sich in Rage redend:* Bitte sprechen Sie beim Betriebsarzt vor. Sind Sie nicht die Kollegin, die bereits wegen einer Papierallergie nur noch vor dem Bildschirm hockt und Tetris spielt? Wenn die gesundheitliche Eignung für den Sekretariatsarbeitsplatz nicht gegeben ist, dann müssen wir, so leid es mir tut, uns von Ihnen trennen. Sie können dann bei Ihrer Arbeitsagentur vorstellig werden, nach Hause gehen und auf ihrem Sessel daheim erstmal ein paar Runden abhartzen.

Die Kollegenschaft im Saal wird unruhig. Einige klatschen Beifall, einige andere stampfen laut mir den Schuhen auf das Parkett. Jemand wirft dem FüBükten eine Bananenschale an den Kopf. Eine andere Kollegin bricht in Tränen aus. Das war die mit der Papier- und Metallallergie.
Der FüBükt schaut in die Richtung, aus der die Bananenschale gekommen ist.

Der FüBükt *schreit*: Auch Sie sind entlassen.
Da er aber nicht erkannt hatte, wer geworfen hat, ging diese Androhung ins Leere.

Kollegin 19 *gleichgültig:* Ich finde, die Frage der Büroklammern sehr ermüdend. Wie sieht es denn mit dem Papier aus. Es gibt weißes, schneeweißes, reclyclingpapiergrauenhaftes, äh..-graues, blaues, rotes, gelbes, grünes u. a., und muss ein Geschäftsbrief unbedingt immer im Din A 4-Format geschrieben werden?

Der FüBükt *mit wütenden Augen:* Na, hören Sie mal. Ich gehe davon aus, dass Sie Ihre Geschäftsbriefe selbstverständlich auf weißem Papier im DIN-Normformat schreiben. Ich muss hiermit auf die strikte Einhaltung der DIN 5008 bestehen. Buntes Papier dürfte bei uns allenfalls die Funktion von Trennblättern in Ordnern oder von Aushängen einnehmen. Ich muss darauf bestehen, dass unser Thema heute die Büroklammerfrage ist. Hat noch irgendjemand einen konstruktiven Vorschlag zu unserem Thema zu machen?

Im hinteren Teil des Sitzungssaales wird es unruhig. Einige Kolleginnen stecken die Köpfe zusammen. Es hat sich eine konspirative Gruppe gebildet. Weitere Kolleginnen betreten den Sitzungssaal. Eine öffnet einen Karton und holt Büroklammerketten heraus. Eine Büroklammer ist in die andere verhakt und extra fixiert, so dass alle zusammen eine lange stabile Kette bilden. Die Büroklammen sind allesamt bunt, alle Farben sind vertreten: Rote, grüne, blaue, gelbe, schwarze, weiße, lila, gestreifte, getigerte, gepunktete, große und kleine, goldene, kupferfarbene und silberne Büroklammern. Die Kolleginnen öffnen weitere Kartons und holen noch mehr Büroklammerketten heraus. Dann stürmen einige von ihnen nach vorne zum Rednerpult. Jemand schubst den FüBükten, so dass er auf der Bühne hinfällt. Andere Kolleginnen stürzen sich schreiend auf ihn und fesseln ihn mit den Büroklammerketten. Da Kolleginnen immer noch mehr Ketten bringen, wird der FüBükt immer fester gefesselt, bis er auf der Bühne wie eine Mumie liegt und sich kaum mehr bewe-

gen kann. Seinen Mund hat jemand mit großen Klebebändern verklebt. Kolleginnen schleppen nun Stapel von Rundschreiben an, die vorher auf den Tischen lagen und die allesamt vom führenden Bürokraten verfasst wurden. Sie zerreißen sie und werfen sie auf den FüBükten. Man muss Schlimmstes für ihn befürchten. Einige Kolleginnen sitzen zwar im Angesicht der Vorgänge entsetzt auf ihren Stühlen, greifen aber auch nicht ein. Die rebellischen Kolleginnen verlassen den Sitzungssaal. Beim Herausgehen werden sie von den sitzengebliebenen Kolleginnen aber beschimpft. Eine der herausstürmenden Kolleginnen tippt sich an die Stirn.

Kollegin 10: Immer im falschen Film, diese karrieresüchtigen Kolleginnen. Sitzen überangepasst herum, nerven mit ihren Sprüchen, entwickeln aber keinerlei Initiative.

Der FüBükt kann nun nicht mehr sprechen. Er liegt gefesselt, mit Papierfetzen überschüttet auf der Bühne. Seine Augen zeigen Entsetzen. Die sitzengebliebenen Kolleginnen starren ihn an. Sie kommen aber nicht auf die Idee ihm zu helfen. Dann verlassen auch sie den Sitzungssaal. Der FüBükt bleibt alleine zurück. Zwei Wochen später las man im Anzeigenanteil eine Todesanzeige:

> Wir trauern um unseren tüchtigen FüBükten.
> Er wurde unerwartet durch Herzversagen in Folge
> widriger Umstände aus unserer Mitte gerissen.
> Der OberFüBükt
> für die Kollegenschaft

Fantastisches

Das Haus in den Dünen

Ich bin in einem kleinen Haus in den Dünen. Unter einem reetgedeckten Dach liegt mein Arbeitsraum. Von meinem Schreibtisch aus höre ich das Meer rauschen.

Hier am Meer, mit allen seinen Geräuschen, fühle ich mich wohl. Das Rauschen des Meeres wird von Möwengeschrei unterbrochen. Manchmal höre ich Spaziergänger vorbeigehen, dann ist wieder STILLE und nur das Meeresrauschen zu hören. Dieses kleine Häuschen am Meer habe ich vor einigen Monaten hier am Strand entdeckt. Ein kleiner Zettel hing an der Tür: „Zu vermieten!" – und es war eine Telefonnummer angegeben. Das wäre was, hatte ich gedacht. Aber, das Strandhaus ist bestimmt unbezahlbar. Ich ging weiter. Doch dann kehrte ich um und schrieb mir die Telefonnummer ab und prägte mir die Lage des Häuschens ein, damit ich es wiederfinden konnte.

Es verging eine Woche und ich war längst wieder in meinem Alltagsleben in der Großstadt verfangen. Ich hatte den Zettel mit der Telefonnummer schon fast vergessen, als er mir aus dem Portemonnaie fiel. Ich hob den Zettel auf. Da hätte ich wohl längst anrufen sollen, dachte ich. Ich kann es ja jetzt probieren. Ich wählte die Nummer. Am anderen Ende nahm eine Frau ab, der Stimme nach war die Frau schon sehr betagt. Ich stellte mich vor und fragte sie nach dem Strandhaus am Meer, ob das denn noch zu vermieten sei und wenn ja, wieviel Miete es denn kosten würde. Die alte Frau antwortete: Ja, das Haus sei noch frei, es hat sogar Strom, einen Herd, eine Dusche und eine Miniküche und ein paar Möbel, es wäre aber sehr einfach ausgestattet. Sie nannte die Miete von 1.800 €, einschließlich der Nebenkosten.

Ich war sehr enttäuscht. „So viel kann ich monatlich nicht bezahlen", meinte ich zu ihr. „Ach, was, monatlich, das ist die Jahresmiete.", meinte sie. Sie erklärte, dass sie das Haus nur in Jahren, mindestens für ein Jahr Mietdauer vermiete, denn schließlich sei sie ja nicht mehr die Jüngste und könne nicht ständig mit neuen Mietern verhandeln. Nun war ich hoch erfreut. Ich sagte ihr sofort zu, das Haus unbefristet anzumieten, kündbar frühestens nach einem Jahr. Wir verabredeten eine quartalsweise Mietzahlung im Voraus. Gleich für den nächsten Tag machten wir den Termin für die Mietvertragsunterzeichnung aus. Ich fuhr dann zu ihr und kurz darauf, hatte ich das Strandhäuschen gemietet. Die Vermieterin war eine sehr nette alte Dame. Manchen Dingen muss man erstmal nachspüren, bevor man sie von vorneherein ausschließt, dachte ich. Fast hätte ich nur deshalb nicht angerufen, weil ich mir eingeredet hatte, dass so ein Strandhaus für mich sowieso nicht erreichbar und unbezahlbar sei. Zum Glück hatte ich die Eigentümerin angerufen.

Nun verbrachte ich meine erste Woche in dem kleinen Haus am Meer. Als ich hier ankam, hatte ich erstmal das ganze Haus gesäubert. Es war wohl lange nicht mehr vermietet gewesen. Kaum zu glauben. Ich brachte nur das Nötigste hierher: Ein bisschen Geschirr, Kochtöpfe, ein paar Konserven und andere Lebensmittel, Kaffee und Kondensmilch. Ein paar Möbel waren ja schon vorhanden, die schrubbte ich ordentlich, dann brachte ich noch Bettzeug mit. Nach einer Weile sah es schon ganz wohnlich aus. Ich machte mich dann daran, im Garten Unkraut zu zupfen. Aber, ich hörte bald damit auf, denn eigentlich sah das Unkraut ja ganz hübsch und schön wild aus. Wer hat eigentlich den Namen „Unkraut" für Pflanzen erfunden? Gibt es denn überhaupt „Unkraut", hat nicht jede Pflanze und jedes Kraut seine Berechtigung? Ich beschloss, dass mein kleiner Garten ein wild wuchernder Garten bleiben sollte und erklärte alle „Unkräuter" zu gewünschten Pflanzen. Danken würden es mir die vielen Insekten, denn schließlich waren sie ja hier zu Hause, und ich bin erst nach ihnen hier eingezogen. Als Zeichen des Dankes ließ sich ein Schmetterling auf meinem Arm nieder, flog aber gleich wieder davon.

Ich ging in das Haus zurück, bereitete mir etwas zu essen vor und kochte mir einen Kaffee. Ich setzte mich damit auf die kleinen Treppenstufen des Hauses, blickte auf das Meer und hörte dem Meeresrauschen und dem Möwengeschrei zu. Als ich aufgegessen hatte, beschloss ich, einen Strandspaziergang zu machen und ein paar Muscheln und Steine zu sammeln. Die würden gut in die Dusche als Dekoration passen. Doch dann kam alles ganz anders.

Ich lief eine Weile am Strand entlang. Plötzlich sah ich vor mir einen Vogel im Strand liegen, der mit seinen Flügeln wackelte, aber am Boden blieb. Ich kam näher und sah eine Möwe. Sie hatte sich offenbar verletzt und war flugunfähig. Ich beschloss ihr zu helfen. Ich ging zurück zu meinem Strandhaus und holte einen Karton. Damit ging ich zurück zu der Möwe. Ich hob sie auf und setzte sie vorsichtig in den Karton. Dabei zwickte sie mir in die Hand, denn sie hatte offenbar Angst vor mir. Nun überlegte ich, was ich tun würde. Ich hatte schon oft Haustiere gehabt, auch schon Vögel, das waren aber Wellensittiche. Ich wusste ja auch nicht, was der Möwe fehlte und beschloss, einen Tierarzt aufzusuchen. Zum Glück fand ich eine Adresse in dem Dorf, zu dem mein Strandhäuschen gehörte, und ich suchte den Tierarzt auf. Der untersuchte die Möwe und fand heraus, dass sie eine Verletzung an einem Flügel hatte. Wahrscheinlich ist sie von anderen Vögeln angegriffen worden. Er verarztete sie vorsichtig und setzte sie in den Karton zurück. Dann bekam ich eine Medizin mit auf den Weg, die ich ihr einflößen sollte, bekam Hinweise, was ich der Möwe zu fressen und trinken geben sollte (rohen Fisch und Trinkwasser) und ich sollte in einer Woche noch einmal mit ihr bei ihm vorbeischauen.

Die Möwe wohnte von nun an in meinem Strandhaus in dem Karton. Da sie flugunfähig war, blieb sie auch in dem Karton. Ich hielt ihr kleine Fischstückchen vor den Schnabel. Sie nahm sie an und fraß sie auf. Auch von dem Wasser trank sie etwas. So vergingen die Tage und mittlerweile war sie auch nicht mehr so schwach, sondern spazierte schon munter durch das Zimmer. Allerdings konnte sie immer noch nicht fliegen. Als eine Woche um war, ging ich mit ihr wieder zum Tierarzt. Der untersuchte sie wieder und meinte, dass sieht ja nicht gut aus. Wahrscheinlich wird sie nie wieder fliegen können. Ein schlimmes Schicksal für einen Vogel. Damit war klar, dass ich sie nicht mehr aussetzen konnte, denn das wäre ihr sicherer Tod. Der Tierarzt meinte, ich solle die Möwe in ein Tierheim bringen. Die würden sich schon um sie kümmern.

In der Zwischenzeit war mir der kleine Vogelbold aber sehr ans Herz gewachsen. Ich setzte mich in meinem Strandhaus vor den Karton, schaute die Möwe an und unterhielt mich mit ihr, so wie man sich halt mit einem Vogel unterhalten kann. Ich kraulte sie vorsichtig am Bauch. Sie war schon nicht mehr so ängstlich wie an dem Tag als ich sie fand. Plötzlich hatte ich eine Idee. Ich beschloss, die Möwe zu behalten und mich selber um sie zu kümmern und sie zu zähmen. Ich schaute sie an und dann fiel mir, in Anlehnung an ein bekanntes Kinderbuch von Richard Bach, ein passender Name für sie ein: Jonathan. Ich werde sie Jonathan nennen. Ob sie von ihren Artgenossen ausgegrenzt wurde? Vielleicht konnte sie besser fliegen als andere Möwen und wurde deshalb von ihren Artgenossen angegriffen? Gibt es so eine Art Mobbing bei den Möwen auch oder passiert so etwas nur bei den Menschen? Egal, Jonathan konnte mir nicht sagen, was ihm passiert war. Ich gab die Hoffnung nicht auf, dass Jonathan eines Tages wieder fliegen können würde.

„Du kannst erreichen, was du wirklich willst", sagte ich zu der Möwe und „Ein neuer Tag, ein neues Glück". Jonathan schaute mich an, als ob er mich verstehen würde. Dann eines Tages, saß er auf dem Fensterbrett meiner Miniküche. Das Fenster stand offen und Jonathan schaute hinaus. Mit einem Mal hob er ab, umkreiste noch ein paar Mal das kleine Strandhäuschen, schaute in meine Richtung und gab Möwengeschrei von sich, was wie „Danke, danke" klang. Dann flog er hoch in den Himmel auf und davon. „Leb wohl, Jonathan", rief ich ihm hinterher und hatte Tränen in den Augen. Die Möwe hatte es also doch geschafft.

Die Befreiung

Seit nunmehr über drei Jahren hält mich der eitle König gefangen. Er sammelt Bewunderinnen, und ich soll eine davon sein. Damit ich nicht auf die Idee komme, zu fliehen, hat er überall im Lande verbreitet, ich sei eine böse Hexe, ich bringe Unheil, ich mache meine Arbeit nicht gut und sei faul. Niemand würde mich aufnehmen. Zwar hat er mich nicht in ein Gefängnis gesteckt, doch, auf diese Weise, bin ich gefangen und von ihm abhängig. Nachts, in meinen Träumen, sehe ich vor und hinter und links und rechts von mir lauter felsige Mauern. Ich bin eingesperrt, auch wenn die Mauern nicht materieller Art sind. Morgens wache ich schweißgebadet auf. Ein neuer Tag in Knechtschaft und Demütigung beginnt. Ich sitze in einem Gefängnis.

Als ich nachts wieder einmal davon träumte, in einem steinernen Gefängnis, von Mauern umschlossen, eingesperrt zu sein, hörte ich eine leise Stimme, die zu mir sprach: *„Du träumst nur. Die Mauern gibt es in Wirklichkeit gar nicht. Du bist nicht eingesperrt. Es ist nur in deinem Kopf die Idee gepflanzt worden, dass du hier gefangen bist. Der eitle König hat immer Angst davor, dass er vielleicht gar nicht so beliebt ist, wie er es sich immer wünscht. Er hält seine Untertanen deshalb in Angst und Schrecken, damit sie ihm gefügig und ergeben sind. Doch die Mauern sind genauso unecht, wie die Gefängnistür. Die Tür ist unverschlossen. Du kannst hingehen und* *sie öffnen. Du wirst es selber erleben. Wenn du wieder wach bist, vergesse nicht, was ich dir gesagt habe."* Im Traum stand ich in meiner Zelle auf und ging zur Tür, um auszuprobieren, ob sie wirklich unverschlossen sei.

Doch bevor ich die Tür erreichte, wurde ich wach. Wieder lag ich schweißgebadet in meinem Bett. Der Traum war noch gegenwärtig. Auch erinnerte ich mich an die Stimme und was sie zu mir sagte. Ich begann mit meinem Tagewerk, und der eitle König schaute zufrieden zu, wie ich für ihn alle seine Befehle ausführte. Dann wurde es Abend und ich begab mich zur Nachtruhe.

Im Traum befand ich mich wieder in meinem Gefängnis. Es war recht kalt in der Zelle und ich fror. Da meldete sich wieder die Stimme, die ich schon in der vergangenen Nacht vernahm: *"Du kannst zur Tür hingehen und sie öffnen. Sie ist unverschlossen. Draußen wirst du Decken finden. Die kannst du um dich legen, dann frierst du nicht mehr."* Diesmal sprang ich schnell auf und ging zur Tür. Vorsichtig drückte ich die Türklinke herunter. Die Tür öffnete sich langsam. Tatsächlich war sie unverschlossen. Konnte es sein, dass ich hier über drei Jahre in einer Zelle saß, die gar nicht abgeschlossen war? Wie war es möglich, dass ich so unbewusst war und nie auf die Idee kam, die Klinke der Tür herunterzudrücken? Ich war erschreckt über meine Unbewusstheit. Damit nicht auffiel, dass ich die Zelle verlassen hatte, machte ich die Tür leise von außen zu. Vor mir lag ein fast dunkler felsiger Kellergang. Ich schlich mich leise durch ihn hindurch.

Plötzlich sah ich einen Hocker, auf dem zusammengelegte Decken lagen. Ich nahm mir die obere und hüllte mich darin ein. Dann schlich ich weiter durch den Gang. Von der Ferne sah ich Licht. Da müsste das Ende des Ganges sein. Ich ging weiter und kam dem Licht immer näher. Dann stellte ich fest, dass die felsige Wand an dieser Stelle offen war. Warme Luft und Vogelgezwitscher drangen von außen herein. Ich ging näher heran, erreichte die Maueröffnung und ging vorsichtig hindurch. Vor mir lag ein See. An einem Pfosten war ein Ruderboot festgebunden. Schnell stieg ich in das Boot ein, löste es vom Pfosten und ruderte los. Ich ruderte durch den See und in Wasserarme hinein. Ich ruderte und ruderte, so schnell ich konnte und so, als ob es um mein Leben ginge.

Dann wurde ich wach. Es war das erste Mal seit Jahren, dass ich morgens nicht schweißgebadet aufwachte. Ich fühlte mich sogar gelöst und mutig. Ich stand auf und zog mich an. Draußen wartete schon der eitle König mit seinen Befehlen. In einer unbeobachteten Stunde schlich ich mich an das Schlosstor heran. Wie im Traum versuchte ich auch dieses Tor zu öffnen. Die Tür war unverschlossen und öffnete sich. Erleichtert verließ ich das Schloss des eitlen Königs, lief und lief, immer weiter vom Schloss weg. Ich lief immer weiter und weiter und lief und lief und bin nie wieder zurückgekehrt.

Der Adler - eine Seelenreise

Ich sitze mit geschlossenen Augen in tiefer Meditation; meine Aufmerksamkeit ist nach innen gerichtet. Plötzlich breitet sich in mir eine tiefe Stille aus. Ich sehe Bilder von Bergen. Ich sitze hoch oben auf einen Berg und schaue in die Landschaft. Dann breite ich meine Schwingen aus und fliege über das Tal. Ich habe mich noch nie so frei in meinem Leben gefühlt. Ich habe keine Gedanken mehr, sondern nur noch Bewusstheit. Ich atme die Luft, die Berge, die Aussicht und lasse mich von der Luft tragen. Ein Gefühl von großer Befreiung ist in mir. Ich wohne in einem Vogelkörper.

Dann werde ich schwerer, Gedanken stellen sich ein, ich werde nach unten gezogen. Ich habe die Berge verlassen und sitze wieder im Meditationsraum mit geschlossenen Augen. Ich bin kein Vogel mehr, sondern wieder Mensch. Ich habe einen Schimmer davon bekommen, wie man sich auch als Mensch fühlen kann, wie frei man sein kann. In den Gedanken sind wir eingesperrt. Gedanken versperren den Blick auf das Wesentliche, Existenzielle im Leben. Menschen könnten sich frei wie ein Vogel fühlen. Nur die Gedanken hindern uns daran. Wir können lernen, uns nicht von unseren Gedanken in Ketten halten zu lassen. Ich frage mich, wie so ein tiefes Hineinfühlen in einen Vogel möglich ist. Ich habe meinen menschlichen Körper verlassen und war für einen Moment der Vogel. Es war wie eine

Erinnerung an ein letztes Leben, als ich ein Vogel war. Oder war es ein Blick in die Zukunft? Nein, eigentlich war es ein Hier-und-Jetzt-Erlebnis, nichts Vergangenes und auch nichts vor mir Liegendes. Zeit ist ein spannendes Phänomen.

Wir denken in logischer Reihenfolge:
1. Vergangenheit, 2. Gegenwart, 3. Zukunft.
Vielleicht sind auch Parallelwelten möglich. Alles ist nur eine Frage, wo man sich gerade im Universum aufhält? Und alles deutet darauf hin, dass ich meinen irdischen, menschlichen Körper für einen Moment verlassen habe und irgendwo anders im Universum war. Vielleicht auch noch auf der Erde, in einem fernen Land. Es könnte Südamerika gewesen sein, irgendwo in den Anden; vielleicht in Peru. Lebt dort nicht der Kondor, der Andenkondor? Ich fühle, dass die Gegend stimmig ist, aber die Vogelart? Besonders hübsch sieht der Kondor nicht aus. Er gehört zu der Familie der Geier. War ich ein Geier? Vielleicht war ich ein Pelikan? Es gibt Pelikane in den Anden. Von ihnen sagt man aber, dass sie sehr gesellige Vögel seien. Ich saß aber ganz alleine auf dem Berggipfel, da waren keine anderen Vögel. Also, kann ich auch kein Pelikan gewesen sein.

Bestimmt war ich ein Adler. Oder gehe ich von der falschen Zeit aus? Vielleicht war ich in einer ganz anderen Zeit der Erdgeschichte. Ich war vielleicht ein Urvogel, ein Archaeopteryx. Möglicherweise war ich nicht in den Anden, sondern in einem Mittelgebirge, welches heute zu Deutschland zählt. War der Archaeopteryx ein Einzelgänger? Das könnte ich mir schon vorstellen.

Ich hatte aber ein Adlergefühl. Ich vermute doch sehr, dass ich ein Adler war. Das passt gefühlsmäßig ebenso wie die Vorstellung, dass ich in den Anden war. Ich muss in dem Körper eines Adlers in den Anden gewesen sein!

Ich, der Hai – eine Verwandlung

Gerade hatte ich hinter einem Fels auf dem Meeresgrund geschlummert, da streifte mich eine riesige Meeresschildkröte. Ich blinzelte zu ihr hin. Nicht schon wieder Cheloni. Sie ist noch recht jung und sehr frech und ahnt nicht die Gefahren, in die sie sich begeben könnte. Da ich aber ein gutmütiger Hai bin und auch ein Junges großgezogen habe, schaue ich immer großzügig über derlei Frechheiten hinweg. Ich konnte mir aber nicht verkneifen, ihr zuzurufen, dass sie bestimmt einmal in der Suppe der Menschenartigen landen würde, so leichtsinnig wie sie sei. Ich stelle mich hiermit vor: Ich heiße Carchi und bin ein weißer Hai. Mein Jungtier ist inzwischen genau so groß wie ich und durchstreift schon alleine die Meere. Oft muss ich noch an meinen Nachwuchs denken, vermisse mein Haimädchen, doch, der Zahn der Zeit will es so, dass die Jungen die Alten verlassen. Ich hoffe, sie passt immer gut auf sich auf.

Ich gähnte in das Meer hinein und streckte meine Flossen. Dann bewegte ich langsam meinen riesigen Körper hin und her und schwamm los. Ich blieb erst am Meeresgrund, doch dann schwamm ich weiter nach oben. Es grummelte in meinem Magen. Ich bekam Hunger und war nun auf der Suche nach einem guten Frühstück. Als ich so vor mich hin schwamm, ließ ich meine Augen langsam nach links und rechts umherwandern und sah dann in der Ferne einen riesigen Fisch. Als ich näher kam, erkannte ich die Täuschung: Das war kein riesiger Fisch, das waren hunderte von kleinen Fischen, die in einer Formation schwammen, um sich zu schützen. Aber, mich, Königin der Weltmeere, kann man nicht täuschen. Ich schwamm langsam auf den Schwarm zu, dann erhöhte ich meine Tempo und schwamm in den Schwarm hinein und holte mir ein paar leckere Brocken. Die zappelten in meinem Maul hin und her. Aber, es half nichts. Ich verspeiste sie.

Nun hatte ich also gut gefrühstückt, und jetzt wollte ich etwas erleben. Voller Energie erkundete ich das Meer. Da stutzte ich. Ich hörte ein nerviges Brummen hoch über mir. Ich schaute nach oben und sah den riesigen Schatten eines Fisches oder, nein, es war ein Schiff der Menschen. Plötzlich nahm ich eine Wellenbewegung wahr, die einige Meter hinter mir ausgelöst wurde und drehte mich blitzschnell um. Ich schaute in die Augen eines Menschen, der hier tauchte. Er starrte mich mit weit aufgerissenen Augen an und hielt eine Harpune in meine Richtung. Ich schnellte blitzschnell auf ihn zu, so dass er vor Schreck die Harpune fallen ließ. Jetzt erst recht geriet er in Panik und versuchte nach oben zu gelangen. Ich fand das schade, wenn er so schnell verschwinden würde, denn ich würde gerne noch mit ihm spielen. Ich schwamm dich an ihm vorbei und zeigte ihm mein breites Grinsen. Er fand das gar nicht komisch und verschluckte sich fast an seinem Atemschlauch, den er im Mund hatte. Ich hatte mal einen Menschen im Meer ohne Atemschlauch herumtreiben sehen. Der war tot. Offenbar konnten die Menschen im Wasser nicht atmen, so wie wir Fische. Schließlich hatte ich Mitleid mit dem Menschen und wollte ihn nicht weiter ängstigen. Außerdem war ich schon pappsatt und Menschen schmecken einfach abscheulich. So schwamm ich in größerer Entfernung noch einmal an ihm vorbei, wackelte mit meiner Schwanzflosse und verschwand in den Tiefen des Ozeans.

Ich wäre neugierig zu hören, was der Taucher oben den Menschen erzählen würde: Dass er mir gerade noch einmal entkommen sei oder, dass er mich sogar verjagt hatte? Würde er mich als Monster beschreiben, oder würde er bewundernd über mich reden? Die Menschen sind schon leicht verrückte Kreaturen, aber leider auch sehr gefährlich, denn ich habe schon gesehen, wie sie auf meine Artgenossen mit Waffen schossen und diese mit Netzen aus dem Wasser fischten. Ich bin ihnen immer wieder entkommen. Ich muss aber zugeben, dass ich vor Menschen Respekt habe und ihnen am liebsten aus dem Weg gehe. Doch ich war nun sehr neugierig zu erfahren, was oben auf dem Schiff los war, so dass ich zurück schwamm und mich nach oben in Richtung Schiff bewegte. Der Taucher war inzwischen aus dem Wasser verschwunden. Ich schwamm langsam und geräuschlos an das Schiff heran. Würden die Menschen mich bemerken? Das könnte für mich sehr gefährlich werden und vielleicht sogar mein Tod bedeuten. Bin ich nicht zu leichtsinnig? Doch die Abenteuerlust war größer als meine Angst und Vorsicht. Ich versuchte nach oben zu lauschen. Doch ich konnte die Sprache der Menschen nicht verstehen, so dass ich entschied, einen Blick über die Bordwand zu werfen. Ich schoss aus dem Wasser hervor und glotzte über die Reling des Schiffes. Ich sah in mehrere überraschte Menschengesichter, die aufschrien. Da ich viel Meerwasser aufwühlte, welches über die Reling spritzte, waren die Menschen alle patschnass. Ich grinste sie freundlich an und verschwand dann wieder im Wasser. Die Menschen sehen doch harmlos aus, doch ich wusste, dass man sich von diesen mickrigen Wesen nicht täuschen lassen sollte.

Wieder gewann meine Neugier, und ich holte zum zweiten Anlauf aus, schoss wieder nach oben und schwamm diesmal um das Schiff herum. Oben schauten die Menschen laut rufend auf mich herunter. Inzwischen hatten sich einige angeseilt. Sie hatten wohl Angst, ins Wasser zu fallen. Ich verlangsamte mein Tempo und schaute nun einer Menschenfrau hoch über mir in die Augen. Die hatte etwas in der Hand, dass machte "Klick, klick, klick..." und Licht blendete mich. Das Geräusch und Licht ängstigten mich, und ich verschwand wieder im Meer. Diesmal entschied ich, nicht wieder aufzutauchen. Es war mir jetzt doch zu gefährlich.

Wäre ich ein Mensch, hätte ich am nächsten Tag in der Zeitung lesen können: "Beobachtungsschiff von Greenpeace erfolgreich von seiner Mission zurückgekehrt. Die Besatzung ist wohlauf. Mike, ein Taucher: "Ich war einem Hai sehr nahe. Doch, statt mich anzugreifen, schaute mich der Hai freundlich an!" Kate, von Greenpeace: "Ich sah, wie der Hai über die Reling guckte und mir tief in die Augen sah. Dieses war ein freundliches, kein gefährliches Tier", glaubte sie beobachtet zu haben. Na ja, es wäre ja auch Zeit, dass wir bei den Menschen einen besseren Ruf bekämen.

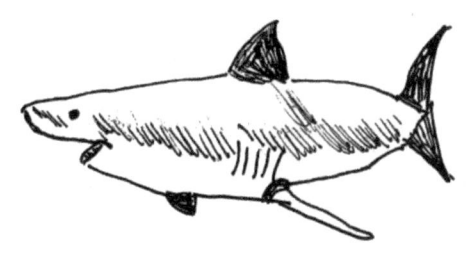

Die Außerirdischen

Nach der Landung des Raumschiffes begab sich der Astronaut zu ersten Erkundungen nach draußen. Plötzlich…sank er ein, kaum dass er mit seinen bleischweren Füßen auf dem Boden ankam. Er zog sofort an dem Seil, an dem er mit dem Raumschiff verbunden war und bevor er im Morast versinken konnte, zog seine Crew in langsam wieder an Bord. „Hier ist es denkbar ungünstig an Land zu gehen", sagte er, als er wieder im Raumschiff ankam.

Da gab es plötzlich einen starken Ruck und das Raumschiff bewegte sich abwärts. Mit schreckbleichen Gesichtern starrten die Astronauten sich an. Sofort sprang Captain Victoria in die Führerkanzel und warf den Motor an, um den versinkenden Raumschiff eine Kraft entgegen zu setzen. Doch, es war zu spät. Sie sanken langsam in das morastige Gelände ein. Dann gab es wieder einen Ruck und das Raumschiff stand plötzlich still da. Die Astronauten schauten sich sprachlos an. Da brach die Kapitänin das Schweigen: „Na, wenigstens verschlingt uns der Boden nicht. Es scheint nicht weiter zu gehen. Wir stecken aber ganz schon tief in der Sch…., im Schlamm", sagte sie. Wir sollten vorsichtig nach außen gehen, um das Gelände zu untersuchen. Vielleicht finden wir eine Idee, wie wir uns aus dieser Lage befreien können.

Die Mannschaft wählte sechs Astronauten/innen aus, die vorsichtig angeleint nach außen gehen sollten, um den Ernst der Lage zu überprüfen. Nacheinander verließen sie das Raumschiff und wurden nach unten geseilt. Sie hingen alle einzeln in einem Korb, denn ein Auftreten auf dem morastigen Boden schien unmöglich zu sein. So wurden sie vorsichtig, im Korb schwebend, nach unten gelassen. Es bestätigte sich ihr Verdacht: Das Raumschiff war tief eingesunken und es sah nicht so aus, dass sie es schaffen würden, sich aus dieser Lage zu befreien. Nach ungefähr einer Stunde zog man die sechs Astronauten langsam wieder in das Raumschiff hinein. Sie saßen dann eine Weile zusammen. An Bord befanden sich insgesamt zwölf Personen: Acht Männer und vier Frauen, von denen eine die Chefin war. Die Lage war sehr ernst. „Okay, sagte Victoria. Wir stecken fest. Wir können uns aus eigener Kraft nicht befreien. Wir brauchen also Hilfe. Ich gebe jetzt über Funk einen Notruf an die Erde ab." Sie schwang sich auf ihren Sessel und machte verschiedene Eingaben im Bordcomputer. Die Mannschaft wartete, doch sie bekamen keine Antwort von der Erde. Es breitete sich allmählich eine bange Stimmung in dem Raumschiff aus. Victoria gab Anweisungen, dass zunächst eine gemeinsame Mahlzeit eingenommen werden soll, dann würde sie begrüßen, wenn sich ein Teil der Mannschaft in ihre Kabinen zurückzieht, um sich auszuruhen. Es reiche, wenn einige von ihnen in der Führerkabine die Stellung halten würden. Die Mannschaft befolgte ihre Anweisungen und nach einiger Zeit hatten sie gegessen und neun der Astronauten verschwand in ihren Kabinen.

Die anderen drei saßen beieinander und berieten über die Lage. Von der Erde war immer noch keine Reaktion gekommen, obwohl sie ihren Notruf jede zehn Minuten wiederholt hatten. Es hieß also, abzuwarten. Der einzige Trost war, dass das Raumschiff bisher nicht weiter in den Boden einsank.

Plötzlich vernahmen sie Außengeräusche und dann ruckelte das Raumschiff. Der Schreck fuhr ihnen in die Glieder. Sofort bedienten sie alle Monitore und warfen einen Blick durch die Luken. Sie konnten nichts sehen. Johann befand sich auf der obersten Luke und rief erstaunt auf: Außerirdische. Da draußen sind lauter Außerirdische, mindestens einhundert von ihnen. Sie haben von allen Seiten Seile an unser Raumschiff befestigt. Ein fremdes Raumschiff schwebt lautlos über uns, aus dem die Seile heraushängen. Sie wollen uns herausziehen. Sie wollen uns herausziehen", schrie Johann von oben aufgeregt. Victoria und der andere kletterten nach oben zur Luke und überzeugten sich mit eigenen Augen. Inzwischen waren die anderen neun von dem Lärm wach geworden und standen in der Kabine bereit. Victoria kletterte langsam hinunter und sah ihre Mannschaft – jeden einzelnen – in die Augen. „Wir wissen noch nicht, ob das nun gut und schlecht für uns ist. Tatsache ist, dass wir scheinbar gerettet werden. Allerdings wissen wir nicht, was danach passiert. Werden die Außerirdischen freundschaftlich gesinnt sein, werden sie uns töten? Wir müssen jetzt abwarten und: Hoffen wir das Beste!" Victoria verstummte. Die Besatzung stand gesammelt hinter ihr. Victoria fing wieder an zu reden und versuchte Optimismus zu verbreiten: „Wenn sie uns retten, dann werden sie freundschaftlich gesinnt sein. Wenn sie uns töten wollen, dann könnten sie uns doch hier im Morast stecken lassen. Also, kann, was jetzt passiert, eher für uns positiv sein", sagte sie. Die meisten stimmten ihr zu, nur Xavier hatte schlimmste Befürchtungen und prüfte die Ladung seiner Waffe. Victoria bat, alle Waffen zu verstecken und fügte hinzu: „Denn die Waffen könnten letztendlich noch für uns gefährlich sein. Wir müssen erstmal herausfinden, was die Aliens von uns wollen."

Dann gab es einen lauten Ruck und ein Knarren in den Raumschiffwänden, so als ob es auseinandergerissen werden würde. Doch es blieb ganz und bewegte sich langsam aus dem Morast heraus nach oben. Nach einer Weile merkten die Astronauten, dass sie in der Luft schwebten und von dem fremden Raumschiff durch den Himmel transportiert wurden. Nach einer Weile, es muss eine weitere Stunde vergangen sein, wurden sie langsamer und bewegten sich nach unten. Dann setzten sie mit einem sanften Ruck auf den Boden auf. Da, wo sie jetzt waren, gab es keinen Morast mehr. Der Boden war hier hart. Es herrschte eine angespannte Stille an Bord.

Johann rief von oben: Überall stehen Aliens an unserem Raumschiff. Sie seilen sich hoch. Sie versuchen ins Innere unseres Raumschiffes zu gelangen. Victoria gab Anweisungen, dass die Hälfte der Mannschaft sich in den hinteren Räumen bewaffnet verstecken sollte. Sie selber wollte mit fünf von ihnen die Hauptluke öffnen, um die Außerirdischen zu empfangen. Es konnte lebensgefährlich sein, das wusste sie.

Einer ihrer Astronauten öffnete die Hauptluke und sprang zu den anderen zurück. Gespannt starrten die sechs zu der geöffneten Luke. Da zeigten sich die ersten Gesichter von Aliens. Es waren bleiche, schmale Gesichter an schmalen, hellen, zierlichen, abgemagert wirkenden Körpern. Die Köpfe waren vergleichsweise zu groß für den Körper, dachte Johann.

Das Raumschiff füllte sich mit den fremden Wesen, große und kleine. Die kleineren schienen die Kinder zu sein. Die Aliens schienen freundlich gesinnt. Sie schauten die Erdlinge neugierig an. „örpsschurpsmorksmunts", redeten sie und „Jöngschöpingdögareng." Da atmeten die Astronauten der Erde erleichtert auf. Sie riefen die anderen aus dem Hinterzimmer noch vorne. „Ihr könnt kommen, ohne Waffen. Die Außerirdischen hier sind richtig nett, ihr müsst sie euch mal anschauen", rief Johann nach hinten. Als die Erdlinge die Aliens sahen, verschwand ihre Angst. Sie schauten den Außerirdischen in die Augen und spürten eine große Liebe von ihnen ausgehen. Und es stand sie fest: Sie waren gerettet!

Fiktive Zeitungsmeldung

News: „BER vor dem Aus! TU Berlin und die Hauptstadtzoos planen neue Projekte, 01.04.14

Auf der BER-Baustelle, Flughafen Berlin–Brandenburg, soll alles wieder abgerissen werden. Die Planungsfehler sind nicht mehr zu korrigieren, ein Abriss und Neubau wird letztendlich preiswerter. Der Neubau ist nicht vor 2025 geplant, so entschied der Vorstand des BER-Aufsichtsrates unter Leitung des Regierenden Bürgermeisters, Klaus Wowereit. Eine Zwischennutzung bis 2025 wurde der TU Berlin für den Hochschulsport und dem Tierpark und Zoo Berlin angeboten. Es sind bereits erste Gespräche mit dem neuen TU-Präsidenten, Prof. Dr. Christian Thomsen, und dem neuen Direktor der Hauptstadtzoos, Andreas Knieriem, vereinbart. Die Fläche soll seitens der TU u. a. zum Fallschirmspringen und Inlineskaten benutzt werden. Der Zoo plant die Nachbildung einer afrikanischen Steppe mit freiem Auslauf von Zebras, Giraffen, Löwen und Hyänen. Wie im wirklichen Leben können die Berliner dann erleben, wie beispielsweise eine Giraffe von einem Löwinnen-Rudel gerissen wird oder sich ein falsch gelandeter Fallschirmspringer in der Wildnis durchsetzen muss. Die TU plant diese Angebote als Survivaltraining ins Programm der Zentralen Einrichtung Hochschulsport zu nehmen.

Lebenssinniges

Schwangerschaft

Im ersten Monat war´s noch unspürbar,
im zweiten wurde es mir langsam klar.
Im dritten Monat war Schwindel und Übelkeit,
im vierten der Elternvorbereitungskurs nicht weit.
Im fünften Monat las ich Säuglings- und Elternbücher,
im sechsten besorgten wir uns schon Windeltücher;
im siebten Monat Babybettchen und Babysachen,
im achten Monat musste ich oft lachen.
Im neunten war mein Bauch sehr mächtig.
Das Kind wollte ´raus, ich war nicht mehr trächtig.

Geburt

Heute kam ich im St. Hubertus auf die Welt
Ungeheuer um mich herum
Natürliche Geburt, sagte jemand
Ginge es nach mir, ginge ich lieber wieder
Entsetzen packte mich
Richtiger Planet?

However, this was the day, I came to planet Earth
Unfortunately it was very cold
Normally it was very warm and cosy, where I came from
Glory to the LORD, the doctor said
Eleven o´clock, said the nurse
Right time for a good meal, I heard my stomach.

Geburt

Geburt
Geburt Geburt
Geburt Geburt Geburt
Geburt Geburt Geburt Geburt
Geburt von **dir**

Der Frosch

Ein Frosch aß einen Regenwurm.
Der Storch erblickt ihn hoch vom Turm.
Der Frosch plantscht vergnügt im See
und übersieht den Storch, oh je.
Doch rettet ihn ein Sturm.

Ein Frosch, der hat ein breites Maul.
Er döst im Teich und ist recht faul.
Er genießt die klare Herbstes-Luft
und schnuppert tief den Wiesenduft.
Von der Weide glotzt der Gaul.

Der Frosch quakt von der Stiege
und fängt so manche Fliege.
Doch mit den Mücken
will es nicht glücken.
Er erringt nur wenige Siege.

Die Eule

Es war einmal eine Eule in Borne,
die schaute immer nach vorne.
Doch eines Tages, das war frech,
ein Waschbär kam, was für ein Pech,
von hinten, nicht von vorne.

Doch die Eule war nicht dumm,
drehte sich ganz schnell herum,
und mit Gekreisch, Gehaue, Ge-Eule,
floh der Waschbär mit 'ner Beule
ganz weit davon. Das Gedicht ist um.

Der Elefant

Seine Herde hat ihn blindäugig verkannt.
Er schielt und hat einen Humpelfuß,
das führt bei allen zu Verdruss.
Er wird gehänselt, gemieden, verlacht.
Der Elefant ist traurig, doch immer bedacht.
Als es eines Tages darum geht, zu trompeten,
ruft seine innere Stimme und er fühlt sich gebeten.
Er trompetet mit Genuss munter vom Wald ins Tal.
die anderen Elefanten bewundern ihn. Mit einem Mal.

Die Ratte
Eine Ratte auf der Tonne
blinzelt in die Morgensonne.
Auf dem Rasen liegt ein Gurt
den verlor der blonde Kurt.

Humor

H umor gehört zum Leben.
U nangenehmes wird erträglich.
M üdigkeit fällt von einem ab.
O hnmachtsgefühle verschwinden.
R öhrendes Lachen befreit.

Farb-Elfchen

Schwarz
Die Trauer
Ist in mir
Spukt jeden Tag herum
Gespenster

Weiß
Meine Zähne
Waren sie einmal
Muss zum Zahnarzt gehen
Bleaching

Rot
Sein Blut
Der Stier brüllt
Rennt gegen das Tuch
Wut

Gelb
Der Neid
der jammernden Kollegin
Sie gönnt mir nichts.
Nervtötend

Grün
Meine Hoffnung
Wegweiser sind überall.
Sie verwirren mich sehr.
Entscheidung

Hellblau
Der Himmel
An einem Samstag
Ich muss nicht arbeiten
Ausflug

Blau
Die Erde
Vom Weltraum gesehen
Zählt am Ende nur
Wasser?

Violett
Die Versuchung
Der letzte Versuch
Danach geht nichts mehr
Endstation

Orang
Die Sonne
Verschwindet am Horizont.
Ein Elefant wackelt dahin.
Indien

Rausch

Die Kirchenglocken läuten
die Menschen sonntags herbei.
Mensch Meier liegt in seinen Federn.
Die Kirche ist ihm einerlei.

Er schläft noch seinen Rausch aus.
Es wurde wieder spät, nein: Früh!
Das letzte Bier, das war wohl schlecht.
Das Aufstehen macht ihm Müh´.

Es ist nun allmählich mittags,
Mensch Meier, der steht auf.
Die Nachbarn lärmen über ihm.
In der Kirche war ´ne Tauf.

Mensch Meier war auch eingeladen.
Nun hat er die Taufe versäumt.
Ein Mensch im Rausch, ein Mensch getauft.
Im Suff hat er´s verträumt.

Das Baby, das schreit immer noch.
Die Taufe war sehr nass.
Die Eltern feiern trotz alledem.
Es klirren Kaffeetass´.

Mensch Meier brummt,
nun ist´s halt vorbei
mit Kirche, Taufe, Feier.
Im Suff wird alles einerlei.

Freundschaft

Freundschaft brauchen wir
wie einen Hafen im stürmischen Meer.
Wir brauchen Vertrauen.
Wir brauchen Liebe.
Wir brauchen ein Zuhause.
Wir brauchen Wärme.
Wir brauchen eine sichere Zuflucht.
Wir brauchen jemanden, der unsere Hand hält.
Wir brauchen Trost im Leid und in der Trauer.
Wir brauchen jemanden, der uns umarmt.
Wir brauchen einander.
Freundschaft brauchen wir
wie einen Hafen im stürmischen Meer.

Angst

Ich mache, tue und trete auf der Stelle.
Schritte verweigern sich. Ich stecke fest.
in Begrenzungen und Langeweile,
die Zeit rinnt mir durch die Finger.
Ich aber will frei sein und fliegen,
will jede Minute mit Leben erfüllen.
Was bremst, ist lähmende Angst.

Abschied

Es gab einen Bauer in Wankenhagen.
Der hatte es an seinem Magen.
Er wurde krank und fiel dann um.
Er starb alsbald, das war schon dumm.
Er lebte allein; man hörte keinen klagen.

Ein Fischer aus Kiel
verdiente nicht viel.
Verließ die Stadt gerne.
Zog in die Ferne.
Fischt mit Eifer am Nil.

Wir werden auseinandergehen.
Das musste irgendwann geschehen.
Du sagst, du liebst mich nicht mehr.
Ich stürze mich nicht in das Meer.
Die Zeit wird die Tränen verwehen.

Abschiedsglocken
ich läute
ich breche auf
immer dem Herzen nach
Hoffnung

Tod

Der Tod klopft an des Harzes Pforte.
Da fehlen uns die guten Worte.
Du hast den Löffel abgegeben.
Doch wir werden weiterleben.
Leichenschmaus mit Torte.

Abschied ist nun angesagt.
Niemand hat uns je gefragt.
Nimmt der, der einst Leben gab?
Wir schauen in das tiefe Grab.
Eine Krähe krächzend klagt.

Jeder muss die Welt verlassen.
Einsam geh´ ich durch die Gassen.
Babys schreien zum Herz erschüttern.
Tröstende Blicke von den Müttern.
Liebe macht gelassen.

Die Liebe ist der Sinn des Lebens,
singt der Barde, nicht vergebens.
Ein Mensch kommt, der andere geht.
Welch´ Gedrängel sonst entsteht.
Wasser läuft in Regenrinnen.

Tod kann uns sehr erschrecken.
Tod ist nichts für muntere Jecken.
Tod soll ein Teil des Lebens sein.
Tod führt uns nur zum neuen Sein?

Anhang

Texte-Übersicht
Hier erfährt man, welche Schreibimpulse meinen Texten zu Grunde liegen, mit Hinweisen zu den Lehrbuchsaufgaben: *Lehrbuch des kreativen Schreibens, Prof. Dr. Lutz von Werder, 2001, Schibri-Verlag Berlin * Milow, ISBN 3-928878-05-0*
Die im Anhang genannten Seitenanzahlen und Kapitelangaben beziehen sich auf das oben genannte Lehrbuch.

Vorwort:
Der genannte Film: Club der toten Dichter, USA 1989 (mit Robin Williams als Lehrer)

Berufliches

Die Zeit muss angehalten werden
1. Teil, C.2.14 „*Galerie der schönsten Schreibbilder*", Schreibbild S. 239; *der kursiv gestellte Text ist als Schreibimpuls vorgegeben.*

Zwei Sekretärinnen
1. Teil, C.2.15 „Die durchgespielte Biografie", S. 266, Gedichtformen: Klapphornverse und ein Limerick

Seelen und Geister
1. Teil, C.2.15 „Die durchgespielte Biografie", S. 266, Gedichtform: Limerick

Om
2. Teil,. B 3.3 – Mit Sprache und Schrift spielen, S. 359,

Wikipedia: *„ Om (auch Aum; Sanskrit: ॐ) ist eine Silbe, die bei Hindus, Jainas und Buddhisten als heilig gilt. Der Klang steht für den transzendenten Urklang, aus dessen Vibrationen nach hinduistischem Verständnis das gesamte Universum entstand. „*

OM steht in der bbw-Akademie für Office Manager/in.

Die goldene Büroklammer
2. Teil, B 3.3 - Mit Sprache und Schrift spielen, Lehrbuch S. 359
4. Übung: Wortwerkstatt „Büro", Automatisches Schreiben; eine absurde Geschichte

Gestrandet
Gedichtform: Haiku (japan. Gedichtform, scherzhafter Vers, sehr kurze Gedichtform. Mit wenigen Worten einen Augenblick, eine Situation, eine Beziehung, etwas Historisches o. a. einfangen.
1. Zeile: 5 Silben, 2. Zeile: 7 Silben, 3. Zeile: 5 Silben.

Bürotannenbaum
2. Teil, B 3.3 – Mit Sprache und Schrift spielen,
Gedichtform: Figurengedicht, S. 265

Büroalltag
1. Teil, C.2.15 „Die durchgespielte Biografie", S. 263,
Gedichtform: Akrostichon: Die Anfangsbuchstaben vertikal gelesen bilden ein Wort

Die Verteidigungsrede
1. Teil, C.2.2 – Das poetische Feld – Szenarien des kreativen Schreibens – Kriminalgeschichten, S. 151
Die richtigen Namen der Softwares sind der Autorin bekannt, hier stehen nur Stellvertreter, um mich mit den Machern der Software nicht anzulegen. Sollten diese Stellvertreter zufällig eine Software benennen, so schwöre ich, dass ich die nicht kenne und die Namensgleichheit unbeabsichtigt ist.

Einakter: „Die Büroklammern"
Diesen Einakter habe ich unter dem Eindruck von „Der neue Mieter", von Eugéne Ionesco geschrieben. Absicht ist, Absurdes aus meinem Berufsalltag übertreibend hervorzuheben.

Fantastisches

Das Haus in den Dünen
1. Teil, C.2.14 „Galerie der schönsten Schreibbilder", Schreibbild S. 244; *der kursiv gestellte Text ist als Schreibimpuls vorgegeben.*
Bei dem erwähnten Kinderbuch von Richard Bach handelt es sich um „Jonathan Livingston Seagull", Verlag Scribner, New York

Die Befreiung
1. Teil, C.1.2.2 „Therapeutische Schreibspiele: Erwachsenen-Ich-Schreibspiele", S. 127, Aufgabe „Durch die Wand"

Der Adler - eine Seelenreise
1. Teil, C.1.2.1, Therapeutische Schreibspiele, Phantasie-Schreibspiele,
S. 124, Aufgabe: Seelenreise

Ich, der Hai – eine Verwandlung
1. Teil, C.1.2.1, Therapeutische Schreibspiele, Phantasie-Schreibspiele,
S. 124, Aufgabe: Verwandlung. Woher die Namen abgeleitet sind:
Die Meeresschildkröten (Cheloniidae); Haie (Selachii), der Weiße Hai (Carcharodon carcharias)

Die Außerirdischen
1. Teil, C.2.14, Galerie der schönsten Schreibbilder, Schreibbild S. 246; *der kursiv gestellte Text ist als Schreibimpuls vorgegeben.*

Fiktive Zeitungsmeldung
Impuls: 1. April(scherz)

Lebenssinniges

Schwangerschaft
1. Teil, C.2.15 „Die durchgespielte Biografie", S. 265,
14. Aufgabe: Spiele mit Zahlwörtern zu einem Wort aus dem frühen Erwachsenenalter (23 – 30 Jahre)

Geburt
1. Teil, C.2.15 „Die durchgespielte Biografie", S. 263,
3. Aufgabe: Akrostichon: Die Anfangsbuchstaben vertikal gelesen bilden ein Wort: Hunger

1. Teil, C.2.15 „Die durchgespielte Biografie", S. 265,
15. Aufgabe: Gedichtform: Figurengedicht (Die Wehen dargestellt als Wellen)

Der Frosch
1. Teil, C.2.15 „Die durchgespielte Biografie",
Versform a a b b a, Gedichtform: Limerick, S. 266

Die Eule
Impuls: Eulengemälde, Gedichtform: Limerick

Der Elefant
Das Gedicht ist und der Einfluss des Liedes von F. J. Degenhardt „So sind hier die Leut" entstanden.

Die Ratte
Reimform a a b b

Humor
1. Teil, C.2.15 „Die durchgespielte Biografie", S. 263,
3. Aufgabe: Akrostichon: Die Anfangsbuchstaben vertikal gelesen bilden ein Wort.

Farb-Elfchen
Gedichtform: „Elfchen"

Rausch
2. Teil B 3.3 – Mit Sprache und Schrift spielen, S. 359
Nonsense Poetry in Versform a b c b

Freundschaft
Wiederholung der 1. beiden Zeilen am Ende des Gedichtes

Angst
Dieses Gedicht ist entstanden, indem ich einen vorhandenen Text zerschnitten und neu zusammengesetzt habe. /
Lehrbuch: Übung Dadaismus, S. 357.

Abschied
1. Teil, C.2.15 „Die durchgespielte Biografie",
Versform a a b b a, Limerick, S. 266

Tod
Versform: Limerick: a a b b a. Letzte Strophe: Anapher (Wiederkehr eines Wortes am Beginn mehrerer aufeinanderfolgender Zeilen), S. 265

Literatur

Lehrbuch des kreativen Schreibens,
Prof. Dr. Lutz von Werder,
2001, Schibri-Verlag Berlin * Milow,
ISBN 3-928878-05-0

Richard Bach: "Jonathan Livingston Seagull",
Verlag Scribner, New York 1970
Edition 2006, ISBN 978-0-7432-7890-4

Von der Autorin 2005 bei BoD bereits erschienen:

BOMBENSTIMMUNG IM HEILIGEN LAND
Winkler, Margot
Paperback
152 Seiten
ISBN 978-3-8334-2752-7
€ 9,80

<u>Inhalt:</u> *Israel ist ein Land, dass nicht selten die Gefühle und Gemüter der Menschen mehr aufwühlt als Katastrophen, Kriege und Konflikte in anderen Ländern. Besonders seit der zweiten Intifada bleiben aufgrund des blutigen Konflikts zwischen Israelis und Palästinensern in Israel die Touristen weg.*

Dennoch reisen auch in dieser Zeit Menschen in das Heilige Land. Margot Winkler beschreibt in ihrem vorliegenden Reisebericht wie sie Israel erlebt hat sowie Begebenheiten in Deutschland vor und nach ihrer Reise. Der Reisebericht beginnt auf dem Flughafen Berlin-Schönefeld. Hier beschreibt sie die strengen Sicherheitsmaßnahmen der israelischen Fluggesellschaft El Al, den Aufenthalt an Bord und die Landung auf dem Ben-Gurion Flughafen in Lod und ihre ersten Eindrücke in Israel. Anschaulich werden nach und nach - nicht ohne Humor - die Stationen ihrer Reise beschrieben. Dank eines israelischen Freundes bekommt sie ein Gespür für das israelische Lebensgefühl. Sie beschreibt nicht nur Orte, Sehenswürdigkeiten und Gedenkstätten, sondern auch ihre Gedanken, Empfindungen und Ängste angesichts der täglich spürbaren Gefahr durch potenzielle Selbstmordattentäter. In dem Kapitel „Die Situation in Israel ist anders" beschreibt die Autorin den von Selbstmordanschlägen bedrohten Alltag, den die Israelis mit viel Gelassenheit zu bewältigen scheinen. Die Urlaubsschilderungen schließen ab mit einem Erlebnisbericht im Hotel und einem unliebsamen Besucher auf sechs Beinen und enden mit dem Rückflug nach Deutschland. Ergänzt wird der Reisebericht durch eine Vielzahl erklärender Fußnoten, Informationen und eigenen Fotos. Margot Winkler möchte mit ihrem Reisebericht dazu beitragen, dass Israel nicht nur im Schatten des Nahostkonfliktes wahrgenommen wird.